AF229777

MESSIEURS

DE VALBELLE

ÉVÊQUES DE SAINT-OMER

1684-1754

Par M. Henri de LAPLANE

Chevalier de la Légion d'honneur,
Secrétaire-Général de la Société des Antiquaires de la Morinie,
Correspondant du Ministère de l'Instruction publique,
etc., etc.

SAINT-OMER

IMPRIMERIE FLEURY-LEMAIRE, RUE DE WISSOCQ

1872

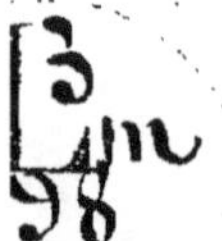

MESSIEURS

DE VALBELLE

ÉVÊQUES DE SAINT-OMER

1684-1755

MESSIEURS

DE VALBELLE

ÉVÊQUES DE SAINT-OMER

1684-1754

PAR M. HENRI DE LAPLANE

Chevalier de la Légion d'honneur,
Secrétaire-Général de la Société des Antiquaires de la Morinie,
Correspondant du Ministère de l'Instruction publique,
etc., etc.

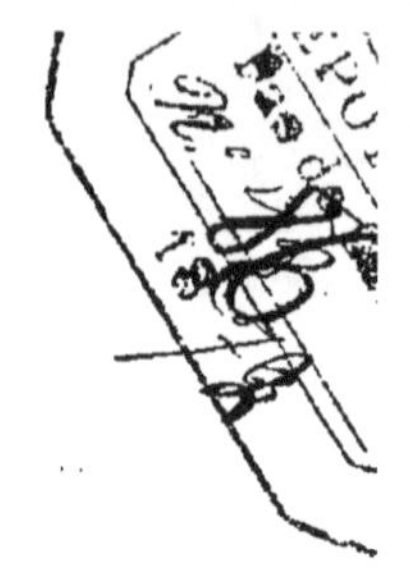

SAINT-OMER

IMPRIMERIE FLEURY-LEMAIRE, RUE DE WISSOCQ

1872

MM. DE VALBELLE [1]

XVe, XVIe & XVIIe ÉVÊQUES DE SAINT-OMER

BIENFAITEURS DES PAUVRES DE CETTE VILLE

DE 1684 A 1754

On connait à Saint-Omer le nom toujours vénéré des trois Pontifes, gentilshommes provençaux qui successivement occupèrent le siége Épiscopal de cette ville pendant une période consécutive de 70 années, de 1684 à 1754.

Louis-Alphonse DE VALBELLE, branche de Montfuron [2], de 1684 à 1708 [3].

François DE VALBELLE, branche de Tourves, de 1708 à 1727.

Joseph-Alphonse DE VALBELLE DE TOURVES, de 1727 à 1754.

On sait qu'une partie considérable de la grande fortune de

---

[1] Il y a en Provence deux communes du nom de Valbelle, *Vaou Bella* (Belle-Vallée), l'une placée entre Melne-Sollier et Montrieux, séparée par la rivière de Gapeau (Var) ; l'autre est située à 3 kilomètres de la ville de Sisteron (Basses-Alpes). La famille de Valbelle parait avoir pris son nom de la première de ces deux communes et l'avoir donné à la seconde.

[2] Montfuron, petite commune du département des Basses-Alpes, canton de Manosque, arrondissement de Forcalquier.

[3] Bien que nommé en 1684, Alphonse de Valbelle ne put recevoir ses bulles pontificales qu'en 1694, par suite des difficultés survenues entre la cour de France et le Saint-Siége.

ces bienfaisants prélats, fut par eux employée en bonnes œuvres, en fondations pieuses et notamment à l'érection et à la dotation du remarquable Hôpital Général qui s'est élevé par leurs soins et à leurs frais dans la rue Saint-Sépulcre ; fondation en souvenir de laquelle la reconnaissance publique qui ne prescrit jamais, a récemment imposé à une rue de la ville, le nom de Valbelle en mémoire des nobles bienfaiteurs du pays. Ce monument, où sous l'égide de la religion et de la charité s'abritent tant d'intéressants petits êtres abandonnés, porte sur son fronton, gravé sur le marbre, l'écu armoirié des prélats fondateurs avec le distique latin suivant :

PRIMUS FUNDAT OPUS

BENE DITAT PRODIGUS ALTER,

TERTIUS ÆDIFICAT, TRES HABET UNA DOMUS.

Ces lignes mémoratives de la part que chacun des trois Prélats, prit à cette pieuse et si utile fondation, nous ont paru mériter un complément, il nous a semblé que quelques lignes biographiques sur ces généreux pontifes pourraient offrir de l'intérêt au point de vue historique et nous nous sommes efforcé de les puiser aux sources les plus sûres, les plus authentiques, à l'aide de documents précis qu'un heureux hasard a fait tomber dans nos mains.

LOUIS-ALPHONSE DE VALBELLE

XVe ÉVÊQUE.

1684-1708

Louis-Alphonse de Valbelle, le premier de ces trois prélats, naquit en 1642, fils d'Antoine seigneur de Montfuron, etc., et de Françoise de Félix, dame de Valserres, il fut tenu sur les fonds de baptême par Louis-Alphonse Duplessis de Richelieu,

Cardinal, Archevêque de Lyon et par Mme la comtesse d'Alais ; de bonne heure il fut destiné à l'état ecclésiastique. Après avoir fait ses études au collége d'Harcourt à Paris, il devint bientôt élève de Sorbonne. Dès l'âge de 14 ans, s'il faut en croire le P. Gabriel Léotard, panégyriste de la famille, on avait songé à lui pour le titre de coadjuteur de son oncle, Mgr de Félix, Évêque de Marseille, mais la mort de son père arrivée en 1655 et celle de Mgr de Félix survenue presque en même temps modifièrent ce projet ; l'auteur de l'histoire de l'Église de Marseille [1] ne fait pourtant aucune mention de Mgr de Félix dans le catalogue des évêques de ce diocèse. Ses études à peine terminées, Louis-Alphonse fut pourvu de la Prévôté de l'église Cathédrale de Sisteron qu'il ne garda pas longtemps ; il devint, peu après, aumônier ordinaire du Roi par lettres données à Versailles en 1674, et en 1675 les Évêques de la province d'Embrun le désignèrent pour Agent général du clergé de France.

En 1677 (25 novembre), Louis-Alphonse de Valbelle fut appelé à l'évêché d'Aleth, vacant par la mort de Mgr Nicolas du Pavillon, avec autorisation de continuer jusqu'à l'expiration de ses cinq années les fonctions d'agent du clergé ; en cette qualité il assista aux fiançailles et au mariage de Charles II, Roi des Espagnes, avec Mademoiselle, cérémonie qui fut célébrée à Fontainebleau par le Cardinal de Bouillon, le 31 août 1679. — L'année suivante, le 1er septembre 1680, il reçut la consécration dans l'église des Minimes de la place Royale, de la main de M. le Cardinal Bonzi, Archevêque de Narbonne, assisté des Évêques de Béziers et d'Uzès.

En 1681, le 19 mai, Louis-Alphonse de Valbelle était à Castelnaudary avec l'Archevêque de Narbonne et l'Évêque de Saint-Papoul, pour la bénédiction du canal de Languedoc et il prenait place dans la barque royale lors de première navigation qui s'opéra sur ce canal et se termina à Béziers le samedi 24 mai 1681.

[1] Marseille, imprimerie de la Ve Brebion, 1747. 4 vol. in-4°.

Chargé peu après de la procuration de la province de Narbonne avec mission d'assister en son nom à la célèbre assemblée du Clergé de France tenue en 1682, il eut la mission de concert avec les Évêques de Meaux, de Lavaur, de Saint-Malo, de Châlons et de Tournai, de préparer la lettre adressée par le clergé aux membres de la religion réformée pour les exhorter à rentrer dans le sein de l'église catholique.

La réputation et la faveur de l'Evêque d'Aleth grandissaient, le Roi satisfait de son zèle et de ses talents lui destinait la place de maître de l'oratoire de Sa Majesté et pour cela il fallait obtenir la démission de Mgr Fouquet, Évêque d'Agde ; cette négociation s'accomplit à la satisfaction des deux parties et par surcroit de faveur à cette troisième charge ecclésiastique dans la maison du Roi, place qui donnait droit aux entrées à la Cour, vint aussitôt s'ajouter un revenu annuel de 5,000 liv. (17 septembre 1682).

Dépositaire des cahiers de la province de Languedoc, Mgr Alphonse de Valbelle eut l'honneur de les présenter au Roi le 28 juillet 1684 et en obtint des réponses très favorables. Ce fut le dernier service qu'il rendit aux États de Languedoc et en particulier à l'Évêché d'Aleth où il avait entièrement restauré le palais Épiscopal et construit une magnifique terrasse.

— L'évêché de Saint-Omer étant devenu vacant par la translation de Mgr Anne Tristan de la Baume de Suze, ancien Évêque de Tarbes, nommé à Saint-Omer en 1677 et promu à l'Archevêché d'Auch en 1684, Louis-Alphonse de Valbelle, Évêque d'Aleth, fut appelé à lui succéder par brevet du 21 mai, comme XVe évêque de Saint-Omer (1684) ; mais n'ayant pu recevoir immédiatement ses bulles à cause des difficultés survenues avec la Cour de Rome à la suite de la fameuse déclaration du Clergé de 1682, ce prélat vint néanmoins prendre possession de son nouveau siége qu'il se borna à administrer en qualité de vicaire-général, jusqu'à ce qu'il plût à S. S. de lui délivrer ses bulles, ce qui n'eut lieu que le 15 janvier 1694, dix ans après, pendant lesquels le nouveau Pontife ne cessa de donner tous ses soins à ses nouvelles ouailles. Il fit venir de

Paris de savants ecclésiastiques qu'il plaça à la tête de son séminaire pour enseigner la saine doctrine aux jeunes lévites destinés à diriger plus tard les consciences.

De plus il entreprit et obtint la restitution des biens qui avaient appartenu à l'administration diocésaine et qui en avaient été séparés par les vicissitudes de la guerre. Grâces à ces restitutions bientôt le séminaire put fournir à lui seul à la subsistance de nombreux élèves que la médiocrité de leur fortune aurait empêché d'étudier si les ressources de cette maison n'étaient venues à leur aide.

— Le nouvel évêque de Saint-Omer était plein de zèle pour la maison de Dieu comme pour l'instruction religieuse de ses diocésains, il soutenait en outre avec énergie les prérogatives de son église, peut-être même il faut bien le dire, l'ardeur de son caractère l'entraîna-t-elle quelquefois trop loin, notamment dans ses interminables luttes avec les Abbés et le monastère de Saint-Bertin... Qui ne connait ces démêlés peu édifiants dont les tristes débats ont rempli tant de volumes et occupèrent une si grande place dans les archives du parlement de Malines, dans celles du conseil de Bruxelles et de la cour de Paris ; plusieurs de ces volumes aux armes de Mgr, sont entre nos mains, on y voit intercallées des notes manuscrites parfois autographes dont le ton aigre-doux dénote clairement l'acharnement inexplicable des deux parties pour une simple question de préséance aux processions, question qui paraît bien futile aujourd'hui avec nos idées modernes et dont nous ne pouvons plus apprécier tout l'intérêt, *tantæ ne animis cœlestibus iræ !...*

Ce qui fut plus utile dans l'administration Épiscopale d'Alphonse de Valbelle ce furent les soins et les améliorations apportées par ce prélat à toutes les fondations pieuses de la ville de Saint-Omer.

Il restaura une maison de charité, nommée le Jardin Notre-Dame (aujourd'hui le couvent des Ursulines), où l'on élevait gratuitement les jeunes filles en les exerçant à tous les devoirs de leur sexe et de leur état.

Il reconstitua son séminaire [1] qui compta bientôt cent séminaristes élevés chacun au moyen d'un prix proportionné à ses facultés, la maison devant suppléer toujours pour le complément du prix en venant en aide aux prêtres vieux ou infirmes forcés de renoncer à leurs fonctions sacerdotales.

Cette maison fut dotée de la bibliothèque du prélat.

Il établit pour les malades à domicile des religieuses désignées sous le nom de Sœurs du Bouillon. Mgr acheta à cet effet une maison dans la rue du Tambour, la meubla et assigna les biens nécessaires à leur utile établissement.

Il reconstruisit entièrement, d'après un plan grandiose donné par un architecte distingué, le palais épiscopal qui tombait de vétusté et n'était plus digne de sa destination. On peut encore admirer cet édifice où se trouve maintenant le Palais de Justice.

Enfin ce Prélat termina ses constructions et ses établissements par la fondation de l'Hôpital Général que l'on voit aujourd'hui ; là, comme à l'ancien évêché on distingue le goût des architectes. De son vivant Mgr de Valbelle affecta des sommes considérables à la création de cette maison qui, après lui, devint légataire particulier de tous les biens qu'il possédait dans le diocèse. A peine était-elle achevée qu'elle pouvait recevoir 150 enfants des deux sexes, nombre que les circonstances et les malheurs du temps ont diminué depuis, mais qui n'en atteste pas moins la généreuse charité du pasteur auquel la ville de Saint-Omer en est redevable [2].

Mais la sollicitude du XV° évêque de Saint-Omer s'étendait encore aux affaires de la province. En qualité de membre des États d'Artois, Mgr de Valbelle eut la mission de présenter à la Cour le cahier des doléances et toujours la faveur et l'estime.

---

[1] Le séminaire fondé par Mgr Blase ou Blasæus, VI° évêque, de 1600 à 1618, était dans l'emplacement occupé aujourd'hui par le génie, place de l'État.

[2] Nous donnerons le texte des règlements de cette maison. On jugera de l'esprit qui les a inspirés.

dont il jouissait obtenaient quelque succès, de cette manière il a rendu bien des services ....

Enfin, après avoir publié diverses ordonnances synodales pöur la direction de son diocèse [1], ce prélat mourut âgé de 66 ans, le 30 octobre 1708, a la suite d'une longue et douloureuse maladie, laissant aux pauvres de Saint-Omer, les preuves les plus touchantes de son inépuisable charité.

Il reçut la sépulture dans la chapelle de l'abside ou chapelle Épiscopale [2] dans la cathédrale de Saint-Omer. On plaça sur sa tombe l'inscription suivante dont l'auteur Antoine Charlet, Chanoine et chantre de l'église de Saint-Omer avait préparé le texte gravé sur le marbre noir où on l'aperçoit encore à demi effacé.

Sur ce marbre tumulaire ou lisait ces mots :

Sta Viator
Ad nobilem tumulum,
Sub eo jacet magni viri exiguus cinis,
Hic est illustrissi ac Rever. Dominus D. Ludovicus Alphonsus
DE VALBELLE.
Vice comitum Massiliensium Virtutis hæres
Ac sanguinis
Qui dum Majorum decora æmulari studuit
Majoribus non minor fecit sua.
Gravibus Cleri Gallicani negotiis prepositus,
Idem Regii oratorii prefectus fuit,
Magnis hinc apud Clerum apud que Regem
Muneribus feliciter perfunctus,
Primum ad Alectenses dein ad Audomarenses
Infulas merito provectus,
Tutis utrasque, Disciplinæ, Ecclesiasticæ
Restaurator, et Vindex acerrimus.
Quos tunc Pastor Egenos Vivens adoptavit,
Eos dem hic Moriens designavit hæredes, (ut suos)

---

[1] Ces ordonnances ont été imprimées en 1 vol., par André Chevalier, libraire à Namur, en 1718.

[2] C'est cette même chapelle qui vient d'être reconstruite entièrement, mais les sépultures ont été respectées.

Obiit anno 1708 ætalis 68 [3]
Nec tamen totus interiit,
Vivit in suis indoles nobilis.
Apud Regem fidelitas inconcussa,
Apud Clerum incorrupta morum integritas,
Apud omnes fama.
Abi Viator et Luge Jacturam publicam
Mors nec Ovibus parcit nec pastori.

(Ant. Charlet, eccl. aud. can. et cantor, fecit).

Teneur du Testament de mon dit seigneur Louis Alphonse de Valbelle, Evesque de St-Omer [2].

« Comme jl est de l'obligation d'vn chrétien d'avoir toujours devant les yeux l'jdée de la mort, jl est aussi de la sagesse de mettre ordre a ses affaires qu'on desire y estre gardé le jour de son trépas ;

» Dans cet esprit, je Louis Alphonse de Valbelle tres jndigne Evesque de St-Omer ay resolu de faire ce mien testament olographe afin que personne n'ait lieu de douter de ma volonté,

» Premierement je recommande mon ame a Dieu et j'ai recours a la misericorde de nôtre divin sauveur Jesus Christ

---

[1] Il y a ici une erreur de date, ce prélat n'avait que 66 ans et non 68 puisque ses Mémoires attribués à Antoine de Valbelle, son père, le font naitre en 1642.

[2] Copie authentique reposant aux intéressantes archives de l'Hôpital Général de Saint-Omer.

On remarquera dans ce testament toutes les précautions prises pour faire passer toujours la fortune au chef de la famille et conserver le nom à l'aide de diverses substitutions successives aujourd'hui abolies par notre droit moderne. Ces précautions n'ont pas empêché la nombreuse et digne famille de Valbelle de s'éteindre dans la personne de la dernière dame de Merargues, dont la seule héritiere est Madame la marquise Félix d'Albertas de Gemenos.

priant la tres Sainte Vierge, les Saints et Saintes d'jnterceder pour moy et de m'obtenir le pardon de toutes mes fautes et pechés ;

» Je choisis ma sepulture dans la chapelle de l'Evesché de St-Omer au pied de la tombe de monsieur Paunet, priant mes executeurs testamentaires. qui seront cy apres nommés de prendre soin de mes obseques, et de les ordonner, les plus modestes que faire se pourra, et si je meurs hors de St-Omer, et a trente lieux loin, je desire estre enterré dans l'esglise paroissialle du lieu ou je me trouverai, je souhaite qu'il soit dit cinq cent messes pour le soulagement de mon ame, scavoir le jour de mes obseques la plus grande quantité que faire se pourra, et le surplus selon l'ordre qu'il sera establi par mes executeurs testamentaires ;

» Je legue et laisse au chapitre de l'esglise cathedralle de St-Omer, la somme de quinze cent livres, pour estre mis en fond de rente sur l'hostel de ville de Paris, et le produit de cette rente sera employée en vne messe chantee qui se celebrera par chacun an le jour de mon deceds et les soixante quinze livres de rente ou autre somme qui en proviendra seront employés scavoir quatre parts pour les distributions des presens seulement et la cinquieme part pour les pauvres qui y assisteront que j'entend estre toûjours appellés de la maison de l'Hopital General vis a vis Saint Sépulcre, ce nombre des pauvres qui sera appellé sera a proportion de dix sols pour chacun, laquelle somme neantmoins sera remise au receveur de la maison ;

» Je legue et laisse au seminaire de St-Omer les livres qui se trouveront m'appartenir le jour de mon trépas [1] ;

» J'jnstitue l'Hopital General de St-Omer mon heritier particulier, de tout ce qui me sera deû dans St-Omer, tant du cou-

---

[1] Cette bibliothèque avait largement accru la collection Blazcene, comme beaucoup d'autres collections importantes elle a été dispersée à la Révolution et nous en avons recueilli un magnifique exemplaire des œuvres complètes d'Erasmc, aux armes de l'Évêque de St-Omer.

rant de mes rentes que de tous arrierages d'jcelles, que de
tous droits des lods et ventes, et autres casuels qui pourroient
m'estre deûs, comme aussi je laisse en faveur de l'Hopital
General de St-Omer tous les meubles de quelques nature qu'ils
estre qui se trouveront m'appartenir dans St-Omer a l'exception de mes livres, moyennant lequel legat ou jnstitution par-
ticuliere, j'entend que l'Hopital Genéral soit tenû d'acquitter
mes funerailles si elles se font dans St-Omer, les legats·cy
dessus, les debtes qui se pourront trouver estre deües par moy
dans St-Omer ou dans la province d'Artois, et ce qui pourra
être pretendu a ma charge pour les reparations de l'Evesché
de St-Omer en quelques endroits qu'elles s'étendent. J'entend
comprendre dans ce legs, l'argent comptant qui se trouvera en
mon pouvoir, le jour de mon deceds, et je n'entend point d'y
comprendre les billiets qui pourront se trouver parmy mes papiers m'être deûs a Paris ou ailleurs qu'a St-Omer.

» Et pour l'execution de ce mien testament et principalement
pour ce qui est a faire dans St-Omer, dependant de l'justitu-
tion faitte en faveur de l'Hopital General de St-Omer, je prie
M. Tissot président du séminaire un de mes grands vicaires,
M. Le Brun chanoine de l'église cathédrale de St-Omer et
M. Loubet aussi chanoine de l'église cathédralle de vouloir
s'en charger et en prendre le soin, j'espere qu'ils voudront
bien le faire gratuitement et en faveur des pauvres : je prie
neantmoins M. Tissot d'accepter ma montre de poche et ma
chasuble de toutes couleurs doublée de violet, M. Le Brun
d'accepter quatre flambeaux d'argent a son choix parmy mes
flambeaux, et M. Loubet d'accepter l'emeraude que je porte a
mon doigt. J'entend que ces trois executeurs testamentaires
fassent vn jnventaire de tous mes meubles, et soient decretés
et mis en possession de tous lesdits meubles et effets provenants
de mon Evesché.

» Je legue et laisse a mes honorees sœurs Aimare de Valbelle dame de la Salle, et Lucrece de Valbelle dame de Bon-
neval a chacune cinquante livres que j'entend leur estre payé
par mon heritier universel dans l'annee de mon deceds.

» Et dans le surplus de mes biens, noms, raisons, droits et actions, j'jnstitue mon heritier general et universel mon neveu Cosme Alphonse de Valbelle, Marquis de Montfuron, comte de Ribiers, bailly hereditaire des quatre bailliages des montagnes de Dauphiné, si mon neveu Cosme Alphonse de Valbelle venoit a mourir sans enfans masles avant d'avoir atteint l'aage de vingt cinq ans complets, j'entend que mon heritage passe a Geoffroy de Valbelle fils ainé de Cosme de Valbelle marquis de Rians seignr de Merargues et de Gadarache et de la demoiselle d'Oraison a son defaut a tous les autres enfans masles qui pouroient exister procrees du même mariage faute de s'en trouver aucun, je substitue mondit heritage, a mon tres honoré cousin Cosme marquis de Valbelle, grand seneschal de Marseille, cy devant cornette des chevaux legers de la garde du Roy pour en disposer selon son bon plaisir et volonté. Et au cas qu'il ne se trouve apres la mort de Cosme marquis de Valbelle grand seneschal de Marseille ny disposition de sa part ny enfans masles procrées de Cosme de Valbelle marquis de Rians seignr de Merargues et de Gadarache, je substitue mesdits biens a Cosme Maximilien Louis Joseph de Valbelle comte de Ste-Tulle et a tous les enfans masles qu'il pourra avoir procrée de luy en legitime mariage, et toujours selon l'ordre de primogeniture.

» Et quand, mon neveu Cosme Alphonse de Valbelle aura atteint l'aage de vingt cinq ans complets, ou que même avant vingt cinq ans complets, jl aura des enfans procrées de luy en legitime mariage, j'entend qu'il soit pleinement libre dans la disposition de tous mes biens et les substitutions marquées cy dessus n'auront aucun lieu, a moins que mondit neveu Cosme Alphonse venant a mourir apres l'aage de vingt cinq ans complets, ne mourut ab jntestat et sans enfans masles ou femelles, auquel cas j'entend que lesdittes substitutions aient lieu égallement.

» En cas que je vienne a mourir avant que mondit neveu ait atteint l'aage de vingt cinq ans, je prie mon tres honoré cousin Marquis de Valbelle grand seneschal de Marseille de vouloir se charger de la curatelle de mondit neveu Cosme Alphonse de Valbelle, et je prie Mess. les parens tant paternels que maternels de mondit neveu de vouloir jetter les yeux sur mondit cousyn, et de me faire l'honneur de prendre confiance en l'opinion que j'ai, que pour le bien de mon neveu, on ne peut faire vn choix plus digne et plus convenable, je prie mondit tres honoré parent de ne point faire vendre les meubles qui m'appartiennent dans nôtre maison de Paris, le deschargeant même de l'obligation d'en faire vn inventaire, je le prie d'y retirer mon neveu pour être eslevé sous ses yeux, le recommandant a l'honneur de son affection.

» J'entend que ce present mien testament vaille comme codicil, comme donation pour cause de mort et en la meilleure forme et maniere que valoir poûra, je revoque tous autres testaments que ie pourrois avoir fait cy devant quelque clause derogatoire qu'ils puissent contenir, dont je déclare n'être memoratif. Fait a Paris ce premier may mil sept cent cinq, estoit signé L. Alphonse de Valbelle Evesque de St-Omer.

» — Au nom du pere, du fils, et du St-Esprit je Louis Alphonse de Valbelle tres indigne Evêque de St-Omer estant par la grace de Dieu, sain d'esprit, de memoire et de jugement ayant devant mes yeux copie de mon testament olographe que j'ai signé a Paris le premier may mil sept cent cinq et remis en minute chez Mortier nottaire du Chastelet de Paris, je veûs qu'il soit executé, reconnoissant neantmoins par les reflexions que j'y fait qu'il y a quelque chose a y changer et a y adjouter, j'ai en vertu de la faculté que le droit m'en donne ordonné par forme de codicil ce qui ensuit.

» Je revoque le leg de trois cent livres que j'avois fait à la Croix, qui n'est plus a mon service, et je revoque aussi le leg de cinquante livres fait a ma sœur Aimare de Valbelle, attendu que j'ai eu le malheur de la perdre.

» Je donne et legue a Desmarets mon valet de chambre, la somme de cinq cent livres, a Carton laquais cent livrés, et a

trois autres laquais outre et pardessus leurs gages a chacun
vingt quatre escus, et aux autres valets de livree a chacun une
annee de leurs gages, outre ce quil leur sera deû a l'exception
prés du muletier a qui je donne soixante livres seulement.

» J'entend que mon neveu le Comte de Valbelle enseigne
des gens d'armes de la garde du roy puisse retenir de ma
vaisselle d'argent, ce qujl jugera luy convenir au prix du poid
de marc, j'entend encore quil puisse retenir mon lit de velour
cramoisi avec les douse chaises et entour au prix de deux
mille livres, et au surplus de mon testament, je veus quil soit
executé et sorte son plein et entier effet avec ces presentes
selon leur forme et teneur, fait et passé a St-Omer soûs mon
seing manuel ce vingt huit may mil sept cent huit estoit signé
l'Alphonse E, de St-Omer. »

FRANÇOIS DE VALBELLE

XVIᵉ ÉVÊQUE

1708-1727

François de Valbelle, cousin et successeur du précédent,
était le onzième enfant de messire Jean-Baptiste de Valbelle,
chevalier seigneur de Valbelle, marquis de Tourves[1] et de
dame Anne-Marguerite de Vintimille ; de bonne heure il fut
destiné à l'état ecclésiastique selon le vœu de ses parents, qui
à cause de leur nombreuse famille, en partie moissonnée avant

---

[1] Tourves, bourg et commune du département du Var, arrondissement de Brignoles. C'était le berceau de la famille de Valbelle.

l'âge, le virent avec plaisir se vouer au service de Dieu. Tout jeune il quitta la Provence, fit ses études à l'Université de Paris où il obtint bientôt le grade de docteur de la maison de Navarre se préparant ainsi à prendre la direction d'un diocèse auquel il était destiné ; il fut fait Vicaire-Général de l'église de Saint-Omer en 1696, aumônier du Roi le 19 août 1699, et Doyen de la Cathédrale le 1er décembre 1703, le 3 mars de l'année suivante il fut nommé maître de la chapelle et oratoire de Sa Majesté et le 15 août 1705 François de Valbelle obtint, comme commandataire, l'abbaye de Pontron dans le diocèse d'Angers [1], faveurs successives qui semblent cette fois avoir été accordées à son mérite personnel, à son attitude dans l'exercice de ses fonctions plutôt qu'à des intrigues de cour. Attaché à un Prélat vigilant et pointilleux en qualité de grand-vicaire, il soignait avec douceur, avec ponctualité les intérêts d'un riche diocèse en même temps qu'il s'instruisait des affaires générales de la province d'Artois dans lesquelles la confiance de son Évêque lui permettait de s'immiscer, ce qui ne tarda pas à le faire connaître et à lui donner de la considéra-tion, à tel point que lors de la mort de Mgr Louis-Alphonse (30 octobre 1708), les États d'Artois, la ville de Saint-Omer et messieurs du Chapitre, s'adressèrent spontanément et simultanément au Roi pour obtenir en qualité d'Évêque, celui dont ils avaient pu apprécier le caractère conciliant et les éminentes qualités. Cette faveur fut d'autant plus facilement accordée que par une heureuse coïncidence, le même jour, François de Valbelle obtenait sa nomination à l'évêché d'Aleth ; il était alors de service à l'armée en qualité d'aumônier du Roy auprès de Monseigneur le duc de Bourgogne, généralissime des armées françaises, lorsque cette nouvelle lui fut apportée, le prince pour lui témoigner l'estime dont il jouissait auprès de lui, s'em-

---

[1] L'abbaye de Pontron, ordre de Cîteaux, *Beatæ Mariæ de Ponte Altronii*, était taxée 100 florins et valait de 3,500 à 3,700 livres. — M. de Lescure en était le précédent abbé depuis 1629. — (État des Abbayes de France, tom. III, pag. 179.

pressa de demander à la Cour de Rome la délivrance gratuite des bulles du nouveau Prélat ce que le Souverain Pontife accorda de la meilleure grâce, le 19 février suivant (1709).

— François de Valbelle fut sacré dans l'église du noviciat des Jésuites de Paris, le 6 avril 1710, dimanche de la Passion, par son oncle messire Jean-Gaspard-Guillaume de Vintimille, Archevêque d'Aix, assisté de messire Martin de Ratabon, évêque d'Ypres et de messire François-Réné de Beauveau, évêque de Tournay.

— Convaincu de l'importance de ses devoirs, le nouveau Prélat ne connut jamais de temps mieux employé que celui qu'il consacrait à la direction de son troupeau. Rien, ni la rigueur de la saison, ni sa santé ne lui faisaient interrompre le cours de ses visites pastorales. Il institua la Confrérie du Saint-Sacrement et l'Adoration perpétuelle dans l'église Sainte-Aldegonde et autres paroisses de la ville (14 mars 1714), il entretint et surveilla avec soin les établissement formés par son prédécesseur, il augmenta les constructions et les dotations de l'Hôpital Général et du Séminaire [1], il fonda un collége pour l'instruction des jeunes enfants [2] et une maison de correction pour les filles repenties [3]. Aumônieux jusqu'à la profusion, François de Valbelle faisait des dépenses énormes pour l'entretien de son séminaire où se formèrent en grand nombre les jeunes lévites destinés à peupler les paroisses de sujets distingués par leur science et leur piété. Le ciel semblait bénir ses pieux efforts, les revenus casuels s'accrurent dans une proportion inespérée que n'avaient pas connu ses prédécesseurs, de telle sorte qu'après avoir vécu pour ainsi dire dans la splendeur, après avoir fait des aumônes immenses et doté plusieurs établissements considérables, il put laisser encore à l'Hôpital Général et au Grand Séminaire de Saint-Omer, ses héritiers,

[1] Bâtiments occupés par le génie militaire et la manutention, place de l'État.

[2] Le vieux bâtiment de l'école de Sainte-Marguerite.

[3] Le Bon Pasteur ou prison correctionnelle.

un fonds qui valait alors, au dire d'un contemporain [1], plus de soixante mille livres... Calculez ce que cela ferait aujourd'hui ?...

— Pendant son séjour à la cour, l'Évêque de Saint-Omer sut toujours démêler l'intrigue en se faisant estimer de tous. — On le vit à l'armée auprès des ducs de Bourgogne et de Berry, ainsi qu'à la bataille d'Audenarde et au siége de Lille avoir une contenance aussi assurée dans le danger qu'elle était grave et modeste dans l'accomplissement des devoirs de sa charge.

Plein de courage civil pendant les années calamiteuses de 1709 et 1715, ce prélat ne craignit pas de se jeter au milieu de la sédition avec le désir et l'espoir de l'apaiser, il s'exposait avec la même assurance que s'il avait la certitude de réussir et à cette occasion il rendit à la ville de Saint-Omer un éminent service en ramenant avec douceur le calme dans sa population gravement agitée.

— Membre et souvent président des États d'Artois, l'Évêque de Saint-Omer savait toujours s'attirer la confiance par sa capacité, sa droiture et son dévouement à la chose publique, chargé de fréquentes missions à la cour où il était considéré pour y présenter les doléances de la province, il sut toujours soutenir énergiquement ses doléances tout en maintenant respectueusement les égards dus à la Majesté Royale.

Mais le temps marchait, toutes les préoccupations du Prélat avaient altéré sa santé, il profita d'un séjour à la cour pour obtenir un coadjuteur désigné par lui pour lui aider à soutenir le fardeau déjà bien lourd de l'Épiscopat. Porteur de cette faveur qui lui était particulièrement agréable puisqu'il s'attachait son neveu, il rentra dans son diocèse qu'il ne quitta plus qu'une seule fois pour se rendre à Reims au sacre de Louis XV, le 25 octobre 1722. — A son retour à Saint-Omer, calculant plutôt son zèle que ses forces et toujours plein de feu

---

[1] Le P. Gabriel Léotard, religieux de l'étroite observance de Saint-François

pour le salut de ses ouailles il venait de mettre lui-même la dernière main au rituel de son diocèse, livre imprimé par Fertel (1727) avec le portrait du Prélat et dans lequel on remarque certaines formules en français et en flamand parce que, une partie des habitants ne parlait que ce dernier idiome. S'épuisant ainsi lentement dans les pénibles travaux de sa charge il mourut sous le poids de ses fatigues plutôt que sous le poids des années, âgé de 63 ans 8 mois 24 jours, le 17 novembre 1727. Voyant approcher sa fin, François de Valbelle avait fait son testament le 7 août qui précéda sa mort, ses dispositions dernières marquaient l'esprit conciliateur qui avait marqué tous les actes de son utile et précieuse existence, il laissa différents legs à tous les membres de sa famille, au marquis de Tourves et au coadjuteur de Saint-Omer ses neveux, à la marquise de Valbelle-Merargues sa petite-nièce, et institua pour ses héritiers le Séminaire ainsi que les pauvres de l'Hôpital Général de Saint-Omer, entendant que ceux qu'il avait considéré comme ses enfants pendant sa vie pussent jouir après lui de presque tout ce dont il pouvait disposer ; il voulut n'oublier personne, ni la modeste paroisse de Tourves où ce Prélat avait reçu le baptême, ni les diverses maisons religieuses de Saint-Omer, ni les personnes attachées à son service. Chacun obtint de lui un dernier et pieux souvenir... Mais ce qui semblait apparaître plus clairement encore dans son testament c'était cet esprit de charité, de conciliation, de piété, de modestie et d'humilité qui avait toujours été la base de ses actions ; François de Valbelle avait expressement indiqué sa volonté d'être enterré simplement dans le cimetière de l'Hôpital Général parmi les pauvres ses héritiers... Mais cette disposition et quelques autres du même genre dictées par une excessive abnégation ne purent recevoir leur exécution entière comme étant opposées aux usages de l'église de Saint-Omer.

Le chapitre de la cathédrale croyant pouvoir contrevenir à ce qui lui paraissait être un excès de modestie peu compatible avec la dignité dont le Prélat était revêtu, décida par délibération du 18 novembre 1727, qu'au lieu du cimetière des pauvres il serait inhumé dans son église dans le même caveau que son prédécesseur.

Dans la chapelle de l'abside ou chapelle Épiscopale on voit également encore la pierre de marbre qui recouvre la tombe de Mgr François de Valbelle, tombe sur laquelle on grava jadis l'épitaphe qui suit dont on retrouve à peine la trace :

Hic jacet
Illustrissimus ac Reverendissimus Dominus
Franciscus de Valbelle
de Tourves
Ex vice comitibus Massiliæ
Oratorii regii præfectus
Apud Andegavos B. M. V. de Pontron Abbas
Dein Episcopus Audomarensis,
Qui publico bono natus magis quam suo
Provinciæ hujus et urbis commodis semper providit.
Civis optimus.
Pauperes aluit quasi alumnos Dei,
Altaria splendido cultu exornari studuit ;
Clerum que virtutibus preeminere curavit
Pastor vigilantissimus,
Hinc pueris erudiendis scholas aperuit
Benefactor munificus ;
Hinc puellis perfugium custodiam que paravit de suo
Provisor sapientissimus :
Nec admisit opes nisi ut eas largius effunderet,
Unde sublevarentur miseri,
Adjuvarentur studiosi,
Quos sibi debitos vivus comtempserat honores,
Respuit mortuus ;
Eos ut calcaret, inter pauperes, voluit sepeliri,
Quibus Xenodochium ab illust. prædecessore
jam erectum
Instauravit, auxit, locuptetavit.
Obiit aeræ Christi anno 1727
Ætatis suæ 63,
Nepos illust. successor sedens
Ad vota capituli monumentum hic designavit.
Abi viator
Et Lacrymas, et preces da Magno Cineri.

Contrairement au vœu émis par François de Valbelle on a prononcé pour lui après sa mort plusieurs oraisons funèbres et composé diverses épitaphes. L'une de ces oraisons funèbres a été prêchée dans l'église paroissiale de Tourves (Provence), le 17 novembre 1729, à l'ouverture d'un service solennel fondé à perpétuité, le prédicateur était messire J.-B. Roux, prêtre de Saint-Maximin et desservant de la paroisse de Tourves, résidence de la famille de Valbelle [1]. L'autre avait été prononcée une année auparavant dans la Cathédrale de Saint-Omer, le 16 février 1728, en présence de Mgr Joseph-Alphonse de Valbelle et des ordres de la ville, par M. Gueltof, prêtre du diocèse [2].

— Rappelons encore ici pour mémoire, le texte de quelques autres épitaphes consacrées à la mémoire de Mgr François de Valbelle.

1re épitaphe :

« Illustrissimus ac Reverendissimus Domini Fransciscus Saletius de Valbelle de Tourves a vice Comitibus Massiliæ Episcopus Audomarensis, Abbas Beatæ Mariæ Virginis de Ponte Otrando, regii oratorii præfectus, regii quondam ab elemosinis, die 17 novembris anni 1727. Ætatis suæ anno 63. — Subsiste hic lector, et vide, pastoris, reliquias, qui, vivens omnium amorem in se convertit, fervore candens, innocentia candidus, modestia clarus, comitate amabilis, fide ac caritate insignis, ita mores, perfecerat suos, ut dignus adolescens fuerit visus, qui et perficeret alienos, sed inter infulatos adscriptus, in fulce fulgorem auxit, gregis pastor, Medicus et pater, maluit ei prodesse, quam præesse, regi simul ac numini carus, docuit injustam esse illam vocem ; exeat aulâ qui vult esse pius ; pietatem in aulâ ut in arâ æque religiose coluit, veritatis amantior quam sibi, Christi causam reputabit suam ; ideo ecclesiæ hostes, voce accusavit, et moribus condemnavit. Deus tandem habuit ministrum, ab omni ævo incomparabilem ; quid est quod debuit facere, vineæ et non fecit ei. — Ingemisse lector, raptus est a nobis hic pasce religionis ultor et cultor, christianæ disciplinæ restaurator, orphani adjutor, pauperum esuriem, Dapibus frigora vestitus vincebat, miseros munificentia sublevabat, vertutum iter absolvere, quis potuit

[1] Cette oraison funèbre a été imprimée chez David Chastel, à Avignon, en 1730.

[2] Imprimée chez Fertel, à Saint-Omer, en 1728.

sanctius ; ô terrà hæc Felix in quâ illuxit hic Phænix, ejus succes-
soris virtutibus reviviscant cineres. Thura date, preces effundite, et
quoties ante oculos versabitur fumus, dicite Francisco, pax sit et
honos in cælo, cum terra illuminata fuerit a gloria ejus. »

(Joannes-Baptista Roux, presbiter Sanmaximiensis fecit).

2ᵉ épitaphe :

Franciscus a Valbelle de Tourves
Qui doctor Abbas, et Præsul
In sollicitudine pro utroque clero et laicis
Nunquam occidit,
Spiritu magno videns uttima,
Charitatem pro pascendo grege
In chartis commendavit,
Ad ejus transitum pastor bonus recessit,
Nihil sibi conscius de sacro ministerio.
Obdormivit die 17 novembris 1727.
Ætatis suæ 63, mense 8, die 24.

(Lodovicus Jujardi, causarum patronus in Brignonensi curiâ
judex Marchionalis de Tourves mærens posuit).

3ᵉ épitaphe :

Hic jacet
Franciscus de Valbelle
Sancti Audomari Episcopus, Abbas Dominæ Nostræ
de Pontron
Quondam Eleemasinarius Ludovici XIV.
Ejus que oratorii rector.
Theologus, facultatis Parisiensis
Doctor Sorbonicus.
Natalibus ovium suarum cura.
Fide constante clarus
In diæcesi suâ resideus
A quâ non recedebat
Nisi provinciæ suæ comitiis,
Ad aulam accesseretur.
Tres Domos hospitales fundavit
Eis que totam suam suppelectilem legavit,
Obiit die 17 novembris anni 1727, ætatis suæ
Anno 63.

H. Ferrand P.

4ᵉ épitaphe :

Hic jacet
Qui Valbellanæ familiæ virtutes ac decora
In se collegit et auxit
Avorum nepos non degenes
Franciscus de Valbelle, Regi ab Elcemosinis, Regii
Prætorii præfectus, primum Decanus, demum
Episcopus Audomarensis XIII [1]
Sorte domini electus, ut hanc Ecclesiam regeret
In id unum incubuit,
Ut quæ ejus decessor felicibus auspiciis inchoarat,
In spiritu ardoris,
Eadem ipse impleret fideliter et cumulaté perficerret
In spiritu lenitatis.
Episcopi officiis addictus, patriæ jura tueri non destitit.
Tam Episcopus quam civis
Bonus indole ergo omnes, in suos bene affectus,
In pauperes prodigus, quos ad sepulchri usque
Societatem delexit
Cessit defuncti humilitas
Viventis studio
Vis plura lector
Interroga Artesiæ comitia, clerum intuere, audi Seminarium
Vide clerum, hospicium generale pauperum scholas, christianos.
Puellarum custodiam inspice. Vis omnia. Spiritu magno videntis
Ultima lege testamentum.
Obiit die 17 novembris anni 1727 ætatis suæ anno 63, pontificatus
anno 20.

5ᵉ épitaphe :

Franciscus de Valbelle
Episcopus Audomarensis
Hic quiescit
Quis fuerit, vis scire lector
Hunc tota diæcesis
Amavit vivum, mortuum luxit.
Mirata dum viveret
Operosum in otio,
In negotiis prudentem,

____

[1] Il y a ici une erreur de date, François de Valbelle, fut le XVIᵉ
Évêque de Saint-Omer et non le XIIIᵉ.

Gravem sine asperitate,
Sine elatione magnum,
Humanum sine licentiâ
Benignum sine fuco,
Sine pertinaciâ firmum,
Parcum sibi, absque avaritiâ,
Cum modestia in alias profusum
In suos bene ac constanter affectum
Habebant in eo.
Clerus, formam, provincia patronum, pauperes, patrem
Cætera dicent
Hospitium generale pauperum, Seminarium Episcopale scholæ,
Christianæ, puellarum custodia, quibus instituendis, firmandis
Atque amplificandis elaboravit. — Obiit die 17 novembris
Anni 1727 ætatis suæ, 63. — Episcopatus anno 20.

6ᵉ épitaphe :

Vir nobilissimus super omnes homines
Illustrissimus ac Reverendissimus Dominus
D. Franciscus de Valbelle de Tourves
Episcopus Audomarensis XIII [1]
Hic positus est,
Decessori suo proximus,
Virtute magis et rebus bene gestis,
Quam sanguine et sepulchri societate.
Regi quondam ab eleemosinis,
Tum Regii oratorii præfectus :
Ita stetit coram Regibus quasi Aulæ natus :
Præfuit huic ecclesiæ annos XX,
Amator veritatis, cultor pacis,
Idoneus idem otio, sancto et negotio justo ;
Oculus cæco, pes Claudo,
Cleri forma et vindex
Totius diæcesis et provinciæ pater,
Seminarium et hospitium generale pauperum,
Instituit hæredes ;
Quin et Sorbonna perennes
Audomarensibus pariet hoc Mecenate magistros.

---

[1] Nous avons déjà eu l'occasion de faire remarquer plus haut que François de Valbelle fut le XVIᵉ Évêque de Saint-Omer, depuis Guillaume de Poitiers, premier nommé en 1561, et non le XIIIᵉ. — (Hist. du Clergé de France, par Dutems, tom. IV).

Vita decessit die 17 novembris anno 1727
Fundatis obitu et solemnitate S^ti Francisci Salesii,
Ne uno avulso deficeret alter aureus,
Reliquit gregi suo Patruus Cirillum,
Valerius Augustinum.

7ᵉ épitaphe :

Hic jacet
Valbellanæ stirpis nepos, alter haud degener
Franciscus de Valbelle
Ludovici magni quondam Eleemosinarius
Oratorii que sui Regii, Præfectus, primum
Decanus demum Episcopus Audomarensis XIII [1]
Eminebant in eo supra cætera
Gravitas morum sinè aspéritate,
Humanitas et candor sinè fuco,
Majestas temperata mansuetudine
Mausuetudo subnixâ firmitate ;
Firmitas adjuncta prudentiæ,
Plura dicent
Artesiæ Comitia quorum Dux ac ingenium fuit,
Clerus, cujus forma erat, tutor ac vindex,
Seminarium quod vivens et moriens impense coluit
Hospitium generale pauperum, quod ædibus ac redditibus auxit
Scholæ Christianæ quos instituit,
Puellarum Custodia quam fundavit,
Academiâ Parisiensis cujus alumnos fovit,
Ac Perennes Magistros,
Assignato sapienter fundo Diæcesi suæ providit,
Obiit die 17 novembris anno Rep. Salut, 1727
Ætalis suæ 63, Episcopatus anno 19.
Fundatis anniversario obitu et S^ti Francisci Salesii
Officio solemni,
Det illi Dominus
Invenire misericordiam qui vir fuit misericordiarûm.

8ᵉ épitaphe :

Hic jacet
Suo oppositus propinquo,

[1] François de Valbelle, nous l'avons déjà dit, fut le XVIᵉ Évèque
et non le XIIIᵉ, c'est sans doute la même main qui a commis trois
fois la même faute.

Qui pauperum ignobile sepulchrum ambierat
Pauperum pater
Christianæ humilitatis æmulator et charitatis.
Franciscus de Valbelle de Tourves
Regis christianissimi quondam Eleemosinarius, oratorii Regii
Præfectus, primum Decanus, demum Episcopus Audomarensis,
È vivis sublatus die 17 novembris anni 1727 ætatis suæ 63,
Episcopatus XX.

Testament olographe de Monseigneur François de Valbelle, Évêque de Saint-Omer, qui institue l'Hôpital Général dudit Saint-Omer son légataire en partie [1].

« Je soussigné François de Valbelle de Tourves, des Vicomtes de Marseille, Évêque de Saint-Omer, abbé de Notre-Dame de Pontron, cy devant aumônier du Roy et grand maître de l'oratoire de Sa Majesté, fils naturel et légitime de haut et puissant seigneur messire Jean Baptiste de Valbelle des Vicomtes de Marseille, chevalier marquis de Tourves, comte de Ste Tulle, baron de St Simphorien, seigneur de Valbelle, de Rougiers, de Revest et de la Tour et de haute et puissante dame Marguerite de Vintimille des comte de Marseille, dame des lieux nommés cy dessus. Quelque confiance que j'aye en la miséricorde de Dieu et dans les mérites de Jesus Christ son fils unique mort pour le salut de tous les hommes, pénétré cependant des sentiments de crainte que mes pechez et sa justice m'inspirent, persuadé d'ailleurs de l'incertitude du jour auquel il faudra que je rende compte de mes actions au souverain juge, je crois qu'il est du devoir d'un bon chrestien de se disposer à ce moment terrible en demandant à Dieu, comme je fais de

[1] Copie authentique déposée aux archives de l'Hôpital Général.

tout mon cœur, par l'intercession de la Ste Vierge, de mon ange gardien et de mon saint patron la grace d'y parvenir avec un cœur contrit et une pénitence non interrompue, et je crois que pour le pouvoir faire avec plus de facilité, et être moins détourné de ce dessein, il faut regler pendant que je jouis d'une santé parfaite d'esprit et de corps, mes affaires temporelles, afin d'être mieux en état de ne penser qu'à l'unique et nécessaire.

» C'est dans cette vue que je fais aujourd'hui mon testament.

» Je veux être enterré dans le cimetière St Sépulchre dans l'endroit où on enterre les pauvres de l'hôpital général ; priant très instamment mes exécuteurs testamentaires de me faire faire des funérailles simples et modestes ne voulant autre chose que ce qui se fait ordinairement pour un chanoine de la cathedralle, ordonnant aussi qu'il n'y ait à mon service ny oraison funèbre, ny pierre sepulchralle sur ma tombe.

» Je donne à l'Hôpital général de St Omer, fondé par illustre seigneur Monseigneur Louis Alphonse de Valbelle, des vicomtes de Marseille, Évêque de St Omer, maitre de l'oratoire du Roy, mon prédécesseur, le tiers du revenu qui est de quatre cent quatre vingt livres, aussi bien que du fond, si on le rembourse d'un contract que j'ay sur les Estats de Bretagne, de vingt quatre mil livres, a condition qu'on dira une messe à perpétuité tous les ans dans la chapelle dud. hopital pour le repos de mon ame, je donne aussi aud. hopital six cent livres le jour de mon decez.

» Je legue aussi au chapitre de St Omer un tiers du revenu du contract cy dessus énoncé a condition que le revenu de ce tiers sera employez pour la fondation d'un obit qui se fera tout les ans, le jour de mon trepas, et outre cela, a une fondation pour honorer la fête de saint François de Sales, mon patron, qui se celebrera comme on celebre dans la cathédralle celle de saint Charles Borromée, il y aura ces deux jours la présence pour les chanoines, il n'y aura d'excusez que les seuls malades.

» Je donne au Seminaire de St Omer le troisieme tiers du contract cy dessus énoncé, dont le revenu sera employé, a l'entretien d'un boursier né dans le diocèse de St Omer, dont la place se donnera au concours et au sujet le plus digne.

» Je donne aussi au Seminaire de St Omer, la ferme que j'ay acheté à Pitquam de Madlle Clinwers en janvier 1722, dont le revenu sera employé pour l'entretien d'un curé ou d'un vicaire, qui ayant servi le diocèse et n'étant plus en état de faire leurs fonctions, se trouveront sans avoir de quoi subsister, les curés ou vicaires d'un grand age, les infirmes ou les faibles d'esprit seront dans le cas de pouvoir jouir de ce secours s'ils se trouvent en nécessité et quand la bourse sera vacante le séminaire en jouira, elle sera à la nomination des mes successeurs.

» Je donne à M. le comte de Ste Tulle [1], mon neveux, tout ce que j'ay en Provence et que j'ay remis à monsieur son père en 1719 afin que ma légitime que j'avois été obligé de retirer de ma famille pour les charges que j'ay possédé auprès du feu Roy Louis 14 de glorieuse mémoire, mon maitre et mon bienfaiteur, rentre dans la masse du bien de mon neveux le comte de Ste Tulle dont elle étoit sortie du vivant de monsieur le marquis de Tourves mon frère, je donne aussi a mondit neveux tous les arrérages qu'il pourra me devoir de cette somme aussi bien que ceux de la pension viagere que j'avois droit d'exiger a condition pourtant que dans le don que je luy fais seront compris les dix mil ecus que feu haut et puissant seigneur Cosme marquis de Valbelle, commandant les chevaux legers de la garde ordinaire du Roy, m'a legué par son testament en 1716 et que mondit neveux comte de Ste Tulle sera obligé de payer la pension viagere de mil livres par an (y etant obligé moi même par le testament cy dessus) a haute et puissante dame Gabrielle de Brancas Ceyreste, des vicomtes

---

[1] Sainte-Tulle, village des Basses-Alpes, canton de Manosque, arrondissement de Forcalquier.

de Forcalquier marquise de Tourves ma belle sœur et sa mere. Je veux et entend aussy que sur le reste du bien que je luy donne, il paie à Morin mon ancien officier, qui me sert depuis long temps avec fidelité et affection, une pension viagere de deux cent livres par an et cinquante livres de pension a ma nièce la religieuse. Je donne encore a mon neveux le comte de Ste Tulle, les deux sceaux d'argent que j'ay a Paris sur lesquels mes armes sont relevées en bosse avec des mosayques et des médailles, j'y joins le plus grand de mes cincq bassins d'argent, avec le vase d'argent dont je me sers quand j'officie et mes deux jattes d'argent et la terrine.

» Je donne à haute et puissante dame Madame de Valbelle, marquise de Valbelle, épouse du marquis de Valbelle, enseigne de la compagnie des gens d'armes de la garde ordinaire du Roy, mon lit de velour bleu galonné de galons d'or et de crespines de même, doublé d'une moire d'or, le ciel, le dossier et la courtepointe piquez d'un tissus d'argent, les six sieges à bras de même velour bleu, garnis tout autour d'un moilton d'or, j'y joins aussi les six pieces de haute lice faites aux Gobelins, dont la chambre et le cabinet sont tapissez en hyver, et comme Madame ma petite nièce est depuis peu a menage, je luy donne cent douzaines de serviettes, des plus fines que j'ay, trente nappes et trois paires de draps toille d'Hollande. Je joins aussi pour son ameublement d'esté, le lit de damas violet aurore, la tapisserie de la chambre, les deux rideaux de fenêtres et les sieges a bras, le tout de même damas, et les hausses des lits et sieges de l'un et l'autre lit dont les unes sont de serge bleue et les autres de serge aurore [1].

» Je donne à haut et puissant seigneur Messire Cosme de Valbelle, chevalier marquis de Monfuron, comte de Ribiers, Brigadier des armées du Roy, premier lieutenant des gens d'armes de la garde ordinaire du Roy, grand Bailli héréditaire de Dauphiné et de la ville de Marseille, grand'croix de l'ordre

---

[1] La désignation de ce riche ameublement est digne d'attention !...

militaire de St Louis, huict-tableaux a prendre parmi ceux que j'ay a l'Évêché selon son choix, quant à ce qui me reste de meubles, vaisselle d'argent, meubles dans mon seminaire et ceux que j'ay dans mon appartement à Paris, sans oublier l'argenterie de ma chapelle, ni les ornemens en broderies d'or achetez depuis peu d'années, je laisse la jouissance du tout à mon coadjuteur sa vie durant, et tout aussi longtemps qu'il sera évêque St Omer, desquels effets il sera d'abord après mon trépas fait un inventaire exact par mes exécuteurs testamentaires, ils n'auront qu'à vérifier celui qui est dans la petite armoire au côté droit de la cheminée de la bibliothèque du palais Episcopal, pour être ensuite led. inventaire déposé aux archives de l'hôpital général pour s'en servir quand le besoin l'exigera.

» La justice exigeant que les réparations qu'il y aura à faire après ma mort dans les biens appartenants à l'Évêché de St Omer (quoy que pendant mon vivant j'y aye donné toute mon attention) ma volonté est de prendre toutes les mesures que l'équité la plus exacte exige pour mettre à couvert dans les suittes ceux qui ayant eu part aux biens que la Providence m'a donné, ne puissent être inquietez à l'avenir par personne. J'ordonne donc qu'immédiatement après ma mort, mes executeurs testamentaires présenteront une requête au Parlement de Flandres et au Conseil d'Artois pour prier ces messieurs de nommer des experts, chacun dans leur district pour faire dresser un procès verbal des réparations qu'il y aura à faire aux fermes, aux maisons pastoralles et aux choeurs des églises, ces deux derniers articles, selon les proportions auxquelles je suis obligé, y en ayant nombre, ou d'autres décimateurs doivent concourir, selon la partie de dîme dont ils jouissent ; quand ces experts seront nommez et leur procès verbal dressé, je laisse la liberté à mes executeurs testamentaires cy après nommez de donner l'adjudication des ouvrages à faire, au moins disant, ou de les faire faire eux mêmes.

» Quand le tout sera fait mon désir est que mes exécuteurs

testamentaires présentent une seconde requête aux juges cy dessus nommez par laquelle ils les prieront de choisir un commissaire chacun de leur corps et chacun pour leur district avec des experts (mon successeur juridiquement appelé), pour juger si les réparations doivent être acceptées et si elles le doivent être selon leur jugement rendu, en ce cas la, mes exécuteurs testamentaires présenteront une troisième requête à Messieurs les procureurs généraux du Parlement de Flandre et du Conseil d'Artois, tendante à prier ces Messieurs de donner leurs conclusions sur lesquelles les exécuteurs testamentaires poursuiveront et obtiendront un arrest de décharge en faveur de ma succession, je les prie d'exécuter cet article avec exactitude et de suppléer à ce que je puis oublier pour mettre ma famille hors d'inquiétude et de procès pour l'avenir ; ils pourront même demander des avis à Paris aux depens de ma succession s'ils le jugent à propos.

» Je les prie de garder avec soin tous ces papiers de les deposer aux archives de l'hôpital général, en attendant l'occasion favorable de les envoier en Provence à mon neveux le comte de Ste Tulle.

» J'espère que ce qui sera dû par mes receveurs et l'argent comptant que je pourrais laisser à ma mort suffira pour subvenir à toutes ces dépenses et aux autres qu'il y aura à faire. Quelque persuadé que je sois de la bonne volonté de mes exécuteurs testamentaires et quelque confiance que j'aye en eux ils ne peuvent cependant sans le conseil d'un avocat que je nommerais cy après et qui aura la même qualité qu'eux, auquel ils payeront les peines et les mouvemens qu'il sera obligé de faire, l'honoraire qu'ils jugeront convenable dont je leur laisse l'entière disposition.

» Si les commissaires nommez jugeroient quelques réparations défectueuses, il faut obliger les entrepreneurs par voye de justice à les mettre en état, n'ayant rien plus à coeur que d'avoir des arrests de décharge.

» Quant aux réparations de mon abbaye de Ponteron mes

religieux sont obligez de les faire par la transaction que j'ay
passé à Angers le 4e décembre 1726. On trouvera cet acte dans
l'armoire posée sous l'embrasure de la fenêtre de la bibliothèque près l'oratoire, il y est porté qu'ils s'obligent de batir une
abbatiale dans l'espace de trois ans et de faire toutes les réparations des formes, s'il y en a quelqu'une à faire dans le temps
de mon decez. Les meubles que j'ay deposez chez les religieux, dont on trouvera un état dans les mêmes papiers, suffi-
ront pour les réparations qu'il y aura à faire, le reste je le
donne aux pauvres de la paroisse du Coron d'ou l'abbaye dé-
pend avec tout ce qui me sera dû à ma mort sur cette ferme,
et si je n'ai pas fait dans ce temps la, une fondation pour le
prix du cathechisme, en faveur des pauvres de la paroisse du
Coron, on remettra les deniers qui resteront en mains du curé
du lieu, pour être employez à cet usage, et on y joindra cincq
cent livres de mon argent pour augmenter la fondation ; on
trouvera les quittances de mes pensionnaires celles des rentes
dont le temporel de l'évêché est chargé, et les autres dans la
même armoire cy dessus marquée, le tout est aussi marqué
dans mes livres journaux de dépense et de recepte, dans lesquelles on trouvera année par année les éclaircissimens dont
on pourrra avoir besoin, lesquels j'ordonne être remis à mes
exécuteurs testamentaires.

» J'ordonne qu'après la mort de mon coadjuteur, ou s'il
cesse d'être évêque de St Omer, on prendra trente mil livres
sur ma vaisselle d'argent et sur les meubles à moi appartenant
et dont il aura été fait inventaire, lesquels seront employez à
acheter des fonds ou constituer des rentes sur les Estats d'Artois et non autrement pour être employés par le supérieur de
la maison et les deputez de l'église cathédralle de St Omer, à
faire étudier dans la seule Université de Paris pour la rétho-
rique, philosophie et théologie et faire leur licence en Sorbonne, les jeunes ecclésiastiques. Ces bourses ne se donneront
qu'au concours et à ceux qui répondront le mieux, et aux
quels on trouvera plus de disposition à la vertu et aux sciences.

» Je ne donne ces 30000 livres à mon seminaire que dans cette intention et dans celle de conserver la direction et le gouvernement de cette maison, tel qu'il est étably aujourd'huy, que si dans les suittes en quelques temps que ce puisse être quelqu'un de nos successeurs (ce que nous n'oserions penser) voulut en changer la forme etablye avec tant de sagesse par notre prédécesseur d'heureuse mémoire, soit en y introduisant une communauté, soit séculière ou régulière, soit en y faisant professer par des réguliers la theologie. où en obligeant les seminaristes à aller prendre hors le seminaire les leçons de théologie, je révoque dans le moment tous les dons que je fais par ce testament à cette maison, et je les donne la moitié à l'hôpital général de Paris situé sur le Petit Pont près le Chastelet, et l'autre moitié aux Enfans trouvez de Paris faubourg de St Antoine les chargeant en ce cas là de donner cinquante livres de rente chacun, à l'hôpital des pauvres malades d'un faubourg appelé Tourves situé en Provence entre St Maximin et Brignole.

» Et afin que les administrateurs des hôpitaux cy dessus nommez n'ignorent pas ce qui les regarde dans l'article cy dessus, je prie mes exécuteurs testamentaires de leur envoier une copie collationnée de l'article qui regarde ces deux hôpitaux, je charge outre cela la conscience de ceux qui seront en place dans le seminaire, si on contrevient aux conditions sous lesquelles je fais ce don de 30000 livres à cette maison de les avertir, je fais la même prière à messieurs du Chapitre de St Omer.

» Mon intention est que quand le seminaire de St Omer jouira du produit des 30000 livres, que le receveur de cette maison ne la confonde pas avec le reste du revenu, mais qu'i en fera un chapitre particulier de receptes et des dépenses dans ses comptes, aussi bien que pour les autres dons que je fais au Seminaire.

» Je veux qu'après le decez de mon coadjuteur les 30000 livres données cy devant à mon seminaire aux conditions spécifiées, le prix qu'on pourra tirer des effets dont je lui laisse la jouissance pendant qu'il sera evêque de St Omer, le restant soit partagé entre l'hôpital général et led. seminaire, sans que les directeurs de ces maisons puissent sous quelque prétexte que ce puisse être, s'accommoder d'une somme pendant la vie de mon successeur, et s'ils le font, je prive ces deux maisons de cet avantage et je le donne à la fondation de la Charité des Pasteurs de St-Omer.

» Quant à la bibliothèque que j'ay au seminaire dans mon appartement j'en laisse la jouissance à mon coadjuteur et après son decez je donne mes livres à cette maison aux mêmes charges et conditions que le leg de 30000 livres faute de quoy ils suivront le même sort, le catalogue des livres est dans le bureau du cabinet ou ils sont, dont l'econome du seminaire prendra une copie ; parmy ces livres je donne à la bibliothè-que du chapitre après le decez de mon successeur les quinze tomes in folio des antiquités représentées en figures, compo-sés par le P. de Montfaucon, les neuf tomes in folio des Mé-moires du Clergé et tous les procès verbaux que j'ay des Mé-moires du clergé.

» Quant à mes deux carosses, berline, chaise de poste, celle à porteur, chariot, fourgon, chevaux de carosse, de selle et harnois, je les donne à mon coadjuteur à condition qu'il don-nera mil livres à M. Dilly, capitaine d'infanterie chevalier de l'ordre militaire de St Louis ou à ses enfans s'il meurt avant moy.

» Si de l'argent comptant que je lesseray, ou de ce qui peut m'être dû par mes receveurs, il en reste encore quelque chose après les réparations payées et les dépenses de mes funérailles faites, on le donnera par proportion aux curés de la ville pour être distribué aux pauvres ménages, il faut pourtant que tous les legs soient auparavant payez.

» Je donne à la paroisse de Tourves mon ancien ornement en broderie d'or y compris la chappe et mil livres, l'obligeant à dire tous les ans un obit pour le repos de mon ame et pour celles de mes ancêtres enterrez dans la chapelle des seigneurs et particnlièrement en faveur de haut et puissant seigneur Messire Léon de Valbelle, des vicomtes de Marseille, mon grand père chevalier seigneur desd. lieux cy devant enoncez, mestre de camp de cavallerie et capitaine de cent hommes des ordonnances du Roy, et de haute et puissante dame Madame de Doria son épouse, ma grande mère et d'y joindre mes quatre freres chevaliers de Malthe tuez au service du Roy ou de leur religion, sans oublier illustre seigneur messire Léon de Valbelle de Tourves, chevalier de Malthe, guidon des gens d'armes de Monseigneur le duc de Berry tué à la bataille de Malplaqué.

» La Chartreuse de Monrieux près de Tourves ayant recuë des bienfaits de mes ayeuls leurs fondateurs depuis le douziesme siecle, je leur donne mil livres pour un ornement auquel ils mettront mes armes.

» Je donne aux Jacobins de St Omer, aux Pauvres Clarisses, aux Penitentes et aux Repenties, soixante quinze livres chacun et me recommande en leurs prières.

» Mes exécuteurs testamentaires feront dire six cent messes pour le repos de mon ame, dans le cours de l'année après mon decez, dans le nombre desquelles on en fera dire cent dans la paroisse de Tourves et cent dans l'église des Cordeliers dans le même bourg.

» Je donne à Barally, mon maitre d'hôtel pour les bons et fideles services qu'il m'a rendu, deux mil livres, et mil livres à Deudin mon premier valet de chambre et outre cela je donne à ce dernier la jouissance de la maison que j'ay achetée jusqu'à ce que la maison forte en vuë de laquelle j'en ay fait l'acquisition soit établie, et quant aux quatre cent livres de rente que j'ay constituez sur la ville de St Omer pour cette même maison, j'en laisse la jouissance jusqu'à ce qu'elle soit establie la moitié à l'hôpital général et l'autre moitié au seminaire.

» Je donne à Deudin tout le linge qui sert sur ma personne et tous mes habits et de même tout ce qui est de même espèce, tant ici qu'à Paris, à condition qu'il donnera un tiers à Morin, je ne donne aux domestiques cy dessus nommez que supposé qu'ils soient encore à mon service quand je viendrai à mourir.

» Quant aux autres domestiques qui seront en ce temps là à mon service depuis deux ans, outre ce qui leur sera dû de leurs gages, on leur donnera une année de gages pour leur récompense.

» Je donne à Monsieur le chevalier de Montolieu mon cousin, capitaine de galère et du port de Marseille, mon diamant jaune que je le prie d'accepter en faveur de la parfaite amitié dans laquelle nous avons toujours vécus, on trouvera cette bague enveloppée dans du papier bleu, dans la petite armoire qui est au dessus de mon bureau dans la bibliotèque de l'évêque pour la luy faire tenir et si Monsieur le chevalier de Montolieu vient à mourir avant moy, je la donne à Monsieur le chevalier de Puilobiers qui a demeuré quelque temps à St Omer chez Monsieur son frère après qu'il eut porté les faucons au Roy de la part du grand maitre de la religion de Malthe.

» Je donne à Bernière mon premier laquais quatre cent livres de récompense.

» Je prie Monsieur l'abbé de Puilobier [1], mon petit neveux chanoine gradué et archidiacre de ma cathédralle de vouloir bien être un de mes exécuteurs testamentaires et je le prie d'accepter deux flambeaux d'argent, mouchettes et porte mouchettes, deux grandes cuilleres à soupe, deux à ragout, deux salières, une poivrière, deux couverts complets le tout d'argent, et reposant dans mon appartement de Paris, dans

---

[1] M. de Puilobier, noble provençal, dont le nom primitif était Martin, fut appelé à Saint-Omer par François de Valbelle, son grand-oncle, qui le nomma chanoine et archidiacre de la cathédrale. — Il fut aussi l'un des bienfaiteurs des pauvres de Saint-Omer par testament du 29 décembre 1754. — Il est inhumé dans la chapelle Episcopale, à côté de MM. de Valbelle.

l'armoire qui est sous la tapisserie a coté de la cheminée dans la chambre, à quoy je joins la bague que je porte.

» J'espère que M. l'abbé de Bryas, chanoine de ma cathédralle voudra bien être aussi mon exécuteur testamentaire ; je le prie d'agréer mon écritoire d'argent composé de cincq pièces et la montre sonante que je porte sur moy.

» Je prie aussi M. l'abbé de Mazerand, chanoine de ma cathédralle et mon official, d'être aussi mon exécuteur testamentaire et d'agréer une de mes pendules et deux chandeliers d'argent.

» Je prie aussi M. Cordou avocat au Parlement procureur du Roy de la maitrise des eaux et forests de Tournehem d'êtres le quatriesme de mes exécuteurs testamentaires et d'agréer une de mes pendules et deux chandeliers d'argent.

» Je donne à M. Barlot chanoine de ma cathedralle et mon secrétaire, ma chasuble doublée d'un taffetas violet et tout le linge que j'ay dans ma sacristie.

» C'est icy mon dernier testament, cassant tous les autres que je pourrois avoit fait, voulant qu'il soit exécuté selon la forme et teneur, fait à St Omer ce sept aoust mil sept cent vingt sept, étoit signé François de Valbelle de Tourves, Évêque St Omer. »

Sur l'enveloppe de ce testament cacheté de sept cachez, des armes dudit Seigneur Évêque sur cire d'Espagne rouge, est écrit l'acte suivant :

« Ce jourd'huy huict aoust mil sept cent vingt sept nous nottaires royaux d'Artois residens à St Omer, soussignez, de la part de illustrissime et reverendissime seigneur, Monseigneur François de Valbelle de Tourves, des vicomtes de Marseille, conseiller du Roy en ses conseils Evêque de St Omer, sommes transportez au palais episcopal dud. seigneur Evêque, ou étant

est comparu pardevant nous led. seigneur Evêque, lequel a
dit et déclaré que l'écrit inclus dans ce présent paquet cacheté
de cire rouge en sept endroits de ses armes daté du jour d'hier
est son testament et ordonnance de dernière volonté que led.
seigneur Evêque reconnait avoir écrit et signé de sa main et
signature ordinaire, lequel il confirme, veut et entend qu'il
soit exécuté selon sa forme et teneur. Ainsi fait et déclaré à
St Omer en présence de Charles François Rysse praticien et
de Pierre Guislain d'Ambrines, marchand respectivement de-
meurant en cette ville, témoins à ce requis et appelez, qui ont
declarez de savoir lire et ecrire, ainsi que led. seigneur Evêque, de ce tous trois interpellez par lesd. nottaires et aussi
soussigné les jours, mois et an et pardevant que dessus. Etoient
signez François Evêque de St Omer, C. de Rysse, Pierre
Guislain d'Ambrines, Cadet et Ducrocq. »

JOSEPH-ALPHONSE DE VALBELLE

XVIIe ÉVÊQUE

1727-1754

Joseph-Alphonse de Valbelle (3e du nom), xviie Évêque de
Saint-Omer, était le septième enfant et le deuxième fils de
Messire Joseph-Anne de Valbelle, Chevalier seigneur de Val-
belle, Marquis de Tourves, Comte de Sainte-Tulle, baron de
Saint-Simphorien, etc., et de dame Gabrielle de Brancas.
Comme ses prédécesseurs il embrassa de bonne heure l'état
ecclésiastique. A peine reçu docteur de Sorbonne ce jeune
seigneur fut député du second ordre à l'assemblée générale du

Clergé de France et ne fut pas plutôt promu à la prêtrise que le Roi lui conféra le titre d'aumônier de la Cour, par lettres données à Paris le 15 juin 1716. Peu après, François de Valbelle, son oncle, Évêque de Saint-Omer, lui décernait un canonicat avec l'archidiaconé de son église et un peu plus tard le titre de vicaire-général du diocèse. De là, le 11 octobre 1717, Sa Majesté le nomma doyen de la cathédrale de Saint-Omer, puis évêque de Sarlat, en Périgord, le 11 janvier 1721, évêché qu'il ne garda pas longtemps et dont il n'obtint pas même les bulles ayant été pourvu le 21 septembre suivant de la coadjutorerie de l'église de Saint-Omer où il devait succéder aux deux illustres Pontifes du même nom et de la même famille qui l'avaient gouverné avant lui. Cette succession ne se fit pas attendre bien longtemps, elle s'ouvrit pour lui le 27 novembre 1727.

Mgr François de Valbelle avait à peine rendu le dernier soupir que Joseph-Alphonse, coadjuteur depuis peu d'années, prit en son nom, sans transition, définitivement les rênes de l'administration diocésaine de Saint-Omer, suivant les traces de ceux qui l'avaient précédé.

— Aussitôt qu'il fut en pleine possession de sa dignité, le nouveau Prélat après la célébration des funérailles de son prédécesseur, s'appliqua à continuer et à perfectionner l'œuvre commune de ses pieux devanciers. Rien n'échappait à son zèle et à sa vigilance éclairée, l'instruction chrétienne de la jeunesse, la surveillance de son séminaire, le soulagement matériel et moral de la classe indigente, le dévouement absolu au clergé et aux ouailles, son œil embrassait tout et était l'objet continuel de ses préoccupations sérieuses comme de ses abondantes libéralités

Nous avons sous les yeux une gravure représentant l'image fidèle de ce Prélat, d'après un tableau de Celloni [1], avec son écu armorié au-dessus duquel on lit cette devise :

[1] Ce portrait dont de bonnes copies sont à l'Hôpital Général et

Hæc quos texit avos, tegit infula sacra nepotem,
Quam bene eos animo, Lumine, amore, Refert.

L'un des premiers actes officiels de Joseph-Alphonse fut d'adresser à son clergé dans un mandement remarquable du 27 janvier 1728 le Rituel diocésain, préparé *in extremis* par son vénérable oncle. Ce Rituel formant un volume petit in-4°, imprimé par Fertel, à Saint-Omer, en 1727 et 1728, est fort complet pour toutes les prières en usage dans l'église. Une grande partie de ces prières, nous l'avons dit, est en trois langues, français, latin et flamand pour la facilité de ceux qui, fort nombreux alors dans le diocèse, parlaient ce dernier idiome.

On y remarque, page 447, le modèle du registre de paroisse qui doit être tenu et dressé annuellement par chaque Curé, après Pâques. Ce registre destiné à contenir le recensement annuel, exact et détaillé des familles, des personnes, de leur âge, de leur sexe, avec indication de celles qui accomplissaient leur devoir, se compose de colonnes destinées à recevoir chaque catégorie de paroissiens ; il se termine par la note confidentielle suivante, adressée à chaque desservant :

De ceteris tum familiis, tum personis adscribendo, singulas familias
In quibus presens Domicilium habent.   [Plateis
Male Morati ita notentur ut absit Periculum infamiæ
Etiam si catalogus, in alicujus manus devenerit !...

Ces prescriptions secrètes de l'autorité ecclésiastique semblent actuellement bien surannées en présence de notre esprit de scepticisme moderne ; leur stricte application serait aujourd'hui bien difficile avec les idées d'indépendance et de relachement répandues dans les masses populaires. — Au moment où tout est remis en question, où le principe d'autorité semble

dont on retrouve çà et là quelques rares épreuves, a été gravé par Candier, il remonte à l'époque où Joseph-Alphonse venait d'être nommé coadjuteur de son oncle.

avoir disparu, alors que les droits prétendus, tendent partout à se substituer aux devoirs dont il est si facile de s'affranchir, et lorsqu'une prudence excessive est plus que jamais nécessaire aux directeurs des consciences dans l'intérêt de la religion, quelle modération et quel tact ne faut-il pas apporter dans l'application des vieilles règles de l'église que nous venons de rappeler ?...

Après le Rituel, Joseph-Alphonse de Valbelle, publia et recommanda aussi un catéchisme à l'usage du diocèse, ce catéchisme donné le 19 avril 1729, n'était autre que le catéchisme historique de Fleury, adopté déjà par MM. Louis-Alphonse et François de Valbelle.

Un peu plus tard, en 1752, l'Évêque de Saint-Omer, adopta et fit adopter un livre d'heures, imprimé par Fertel, pour être en usage dans son diocèse, il tenait à fournir à tous les livres nécessaires pour l'instruction de la jeunesse, le mandement qui précède ces heures est du 13 décembre 1752. Nous avons sous les yeux un exemplaire de chacune de ces publications devenues rares aujourd'hui.

Mais si le zèle de Monseigneur Joseph-Alphonse s'efforçait d'égaler en toutes choses celui de son oncle François dont il tenait la place, la vérité historique nous impose le devoir d'ajouter que ces deux caractères étaient pourtant assez dissemblables. Nous avons eu l'occasion de faire remarquer ailleurs [1] que François de Valbelle, le pieux fondateur de la Confrérie de l'Adoration perpétuelle, plus calme, plus conciliant, moins pointilleux, moins irritable que Louis-Alphonse, son devancier, s'était efforcé de rétablir la bonne harmonie, troublée pour des questions de prérogatives entre les deux grandes églises rivales, la cathédrale de Saint-Omer et le monastère de Saint-Bertin.

Eh bien ! sous ce rapport Joseph-Alphonse de Valbelle ressemblait peu à François, son oncle, il avait hérité de l'ardeur

---

[1] Voir les Abbés de Saint-Bertin, ouvrage couronné par l'Institut, tom. II, pag. 380.

de Louis-Alphonse, son cousin, et n'était guères plus accom-
modant que lui [1] à l'égard de Monsieur de Saint-Bertin et des
autres corporations religieuses qui, sous le nom d'*exemptes*,
prétendaient avoir le droit de s'affranchir de l'*ordinaire*,
c'est-à-dire de ne relever directement que du Saint-Siége.

— Nous avons dans notre bibliothèque particulière un
exemplaire d'un Mémoire relié aux armes de Monseigneur
Joseph-Alphonse avec les observations manuscrites originales
et autographes de ce prélat. Ces observations, il faut bien le
dire, ne sont pas toujours très-charitables, Monseigneur est
intraitable quand il s'agit de ce qu'il appelle ses droits et ses
prérogatives, il veut empêcher l'abbé de Saint-Bertin de por-
ter la crosse et la mitre à la procession et la première réflexion
écrite par lui est ainsi conçue : « *Il est des crimes si grands
que l'on ne scaurait les peindre sous des couleurs trop noires
pour exciter la sévérité de la justice des magistrats et la rigueur des loix, etc., etc.* » Quel début? et quelle aménité pour
un sujet qui semble aujourd'hui si puéril ?... Ce Mémoire forme un gros volume sur le même ton et il est loin d'être le
seul.... Il y en eut beaucoup d'autres successivement publiés
à des dates différentes. On sait qu'à la suite d'interminables
récriminations trop acrimonieusement lancées de part et d'autre, pendant bien des années, la victoire resta en définitive à
l'abbaye de Saint-Bertin [2]. Encore une fois nous pouvons dire:
Tantœ ne animis !...

— Les anciennes archives Épiscopales nous fournissent un
autre exemple du zèle, peut-être excessif, de Joseph-Alphonse
de Valbelle pour tout ce qu'il considérait comme un droit ou
un devoir de sa charge, les abbayes de Blandecques, Woestine
et Ravensbergue, dépendantes de l'abbaye cistercienne de
Clairmarais, se considérant comme *exemptes* en vertu des pri-
viléges de Citeaux, ne reconnaissaient pas à l'Évêque de Saint-

---

[1] Idem, idem, pag. 411, en note.

[2] Grand Cartulaire, tom. X, pag. 229. Les Abbés de Saint-Bertin,
tom. II, pag. 411, texte et note.

Omer le droit d'examiner les novices avant leur admission au monastère, le Prélat au contraire réclamait vivement ce droit en vertu des décisions du Concile de Trente [1].

Après bien des discussions, toujours trop ardentes, l'Évêque gagna son procès, mais pendant les débats il prononça la suspension officielle et la censure publique contre Marie Lanvin, Abbesse d'Outhof ou de Ravensbergue et contre Austreberte de Fiennes, Abbesse de Sainte-Colombe de Blandecques.

La signification et la censure épiscopale furent lancées le 29 avril 1732, par Jacques-Simon Dourlen, chanoine et archidiacre de la cathédrale.

Ces indications déjà rappelées ailleurs [2], et dont nous avons la preuve authentique dans les mains, suffisent pour établir que, comme son cousin Louis-Alphonse de Valbelle, Monseigneur Joseph-Alphonse, son deuxième successeur, avait le caractère belliqueux et processif, ce que n'avait pas Monseigneur François de Valbelle, son prédécesseur immédiat, ce prélat doux et pacifique qui s'appliqua sans cesse à adoucir, à éteindre les discussions au lieu de les envenimer par de continuelles et d'interminables poursuites pour en avoir toujours le dernier mot.

Mais malgré cette différence de caractère, ces diverses manières d'agir et ce mode différent d'envisager les choses, Joseph-Alphonse aussi bien que ses deux parents, étaient dirigées par les meilleures intentions ; l'application au devoir accompli, le zèle pour la maison de Dieu s'étendant jusqu'au plus petits détails et embrassant toutes les formes de la règle et de la charité, tel était le but de leurs efforts dont les généreuses traces, après bientôt deux siècles, se perpétuent jusqu'à nous et ne sont pas près de s'éteindre... Tant qu'il y aura de pauvres petits êtres abandonnés, ces pauvres délaissés béniront la mémoire des trois généreux évêques leurs bienfaiteurs, dont la touchante charité éleva et dota leur hospitalière demeure...

[1] Décret de la Session 25, de Reg., chap. 17.
[2] L'Abbaye de Clairmarais, tom. I, pag. 212.

Après avoir dignement accompli son œuvre pendant un pontificat de vingt-six années bien remplies et bien fructueuses, Monseigneur Joseph-Alphonse de Valbelle s'endormit dans le Seigneur en rendant son âme à Dieu, le 3 juin 1754. Il est inhumé selon ses intentions dans la chapelle Épiscopale à côté des siens.

Dix ans avant de mourir il avait fait son testament olographe en date du 17 novembre 1744.

Nous le transcrivons en entier ci-dessous, on y verra, d'après les archives, des traces de sa libéralité envers l'Hôpital Général et à l'égard de son Séminaire.

Hri DE LAPLANE.

Testament olographe de Monseigneur Joseph-Alphonse de Valbelle qui institue l'Hopital General son legataire en partie en datte du 17 novembre 1744.

« Je soussigné Joseph Alphonse de Valbelle par la grace de Dieu Evesque de St Omer, conseiller du Roy en tous ses Conseils d'Etat et privés, etc.

» Etant sein de corps et d'esprit, sçachant que l'heure de la mort est incertaine et ne voulant point être prevenu sans avoir disposé du peu de bien ou meubles que la divine Providence m'a donné, ay fait le présent testament olographe que je veus et entend être exécuté.

» Je recommande mon ame lors qu'elle se séparera de mon corps à Dieu le Père tout puissant, à Jesus Christ notre Sauveur et au St Esprit un seul Dieu en trois personnes, à la glorieuse Vierge Marie et à tous les Saints priant qu'ils soient mes intercesseurs envers Dieu pour la remission de mes pé-

chés et qu'il plaise à Dieu par les mérites de Jesus Christ de
me donner sa sainte gloire. Amen.

» J'ordonne que mon corps soit enterré dans la chapelle
Episcopale selon l'usage de l'église cathédrale, et avec le
moins de cérémonies et de dépense que faire se pourra.

» Je laisse tous les biens que je pouvois avoir en Provence
à mes petits neveux, par égale portion a condition de payer
aussi par égale portion les dettes que je pourois avoir dans
cette province.

» Je donne à Mme la marquise de Valbelle, ma nièce propre
fille unique de feu mon frère, la somme de cent livres une fois
paié et en ce je l'institue mon héritière particulière.

» Je donne à ma petite nièce sa fille et par sa conjonction
avec André Geoffroy de Valbelle, Sgr de Merarques et autres
lieux, premier enseigne des gens d'armes de la garde, mestre
de camp de cavaillerie leur fille, je luy donne, dis je cent
livres et en ce je l'institue mon héritière particulière.

» Lesquelles deux sommes seront payées par mesd^{tes} neveux et ce sur les biens que je leur ay donné cy dessus, parce
que je regarde mes nieces et petite niece comme etant en Provence et y ayant un domicile fixe, quant a ce quy regarde les
biens que j'ay dans la ville de St Omer ou voisinage, en quoy
qu'ils consistent, j'en donne à Antoine Joseph Aspelly mille
ecus qui luy seront donnés argent comptant.

» Le surplus de mes biens s'il y en a seront donnés par
portions egales au Seminaire et à l'Hopital General sans charge et uniquement pour secourir les pauvres qu'on elève dans
ces deux maisons.

» Je nomme pour executeur de ce testament M. l'abbé de
Puilobier a qui je donne une pendule à son choix pour mar-
que de mon souvenir. — A St Omer le 17 nov. 1744 ainsi
signé de Valbelle, Eves. de St Omer. »

Certifié conforme à une copie authentique,

H^{le} DE LAPLANE

259